동글동글 양배추가 궁금해

글·그림 천리야 陳麗雅

타이완의 그림책 작가이자 일러스트레이터예요. 자연 생태는 물론 인물과 사물을 세심하게 묘사하기로 유명하지요. 아크릴, 수채 물감, 동양화용 종이 등을 사용해 생동감 있고 독특한 작품을 만든답니다. 쓰고 그린 책으로《난초의 매력》《청원시 이야기》《맹그로브 숲에 놀러 오세요》《연꽃 호수》《아미네 집에 놀러 오세요》《어른이 됐어요》등이 있고, 타이완환경보호청 '녹아장(綠芽獎)' 그림책 부문 특별우수상, 타이완 '좋은 책 함께 읽기' 올해의 최우수 아동 청소년 도서상과 올해의 우수 화가상 등을 받았습니다.

옮김 권성지

스무 살에 중국어와 사랑에 빠진 뒤, 중국 문학과 초등 교육을 끊임없이 오가며 살았습니다. 학교에서 수업을 하고 집에서 중국어 책을 우리말로 옮깁니다. 옮긴 책으로《너도 고민이 있니?》《지구 야옹족 탐구 보고서 1》《지구 야옹족 탐구 보고서 2》등이 있습니다.

동글동글 양배추가 궁금해

초판 1쇄 발행 2025년 12월 1일 | **글·그림** 천리야 | **옮김** 권성지
발행처 주식회사 스푼북 | **발행인** 박상희 | **총괄** 김남원
편집 길유진 박선정 이민주 이지은 | **디자인** 이유연 권수아 정진희 | **마케팅** 박병건 구혜정
출판신고 2016년 11월 15일 제2017-000267호 | **주소** (03993) 서울시 마포구 월드컵북로6길 88-7 ky21빌딩 2층
전화 02-6357-0050(편집) 02-6357-0051(마케팅) | **팩스** 02-6357-0052 | **전자우편** book@spoonbook.co.kr
ISBN 979-11-6581-612-4 (77480)

Cabbage and Me(我種了高麗菜)
Copyright © 2015 by Li-Ya Chen(陳麗雅)
First published in Taiwan in Traditional Chinese in 2015 by Global Kids Books,
a division of Global Views – Commonwealth Publishing Group.
All Rights Reserved.
Korean Translation rights arranged with Global Kids Books,
a division of Global Views – Commonwealth Publishing Group through May Agency
Korean Translation Copyright © 2025 by Spoonbook Inc.

이 책의 한국어판 저작권은 메이 에이전시를 통해 Global Kids Books와 독점 계약한 ㈜스푼북에 있습니다. 저작권법에 의해 한국 내에서 보호를 받는 저작물이므로 무단 전재와 무단 복제를 금합니다.

제품명 동글동글 양배추가 궁금해
제조자명 주식회사 스푼북 | **제조국명** 대한민국 | **전화번호** 02-6357-0050
주소 (03993) 서울시 마포구 월드컵북로6길 88-7 ky21빌딩 2층
제조년월 2025년 12월 1일 | **사용연령** 4세 이상
※ KC마크는 이 제품이 공통안전기준에 적합하였음을 의미합니다.

⚠ 주 의
아이들이 모서리에 다치지 않게 주의하세요.

동글동글 양배추가 궁금해

천리야 글·그림   권성지 옮김

스푼북

엄마와 산책을 나선 토요일 오후였어요.
공원 옆에 작은 꽃 가게가 있었어요.
가게 입구에는 채소 모종들이 줄줄이 놓여 있었지요.
나는 엄마에게 물었어요.
"엄마, 저건 무슨 채소예요?"
엄마가 입을 채 열기도 전에 가게 아저씨가
친절하게 대답했어요.
"그건 양배추란다. 한번 키워 보는 건 어떠니?
지금이 양배추 심기에 딱 좋은 때거든!"
나는 양배추를 정성껏 키우겠다고
엄마와 약속했어요.
우리는 양배추 모종 몇 포기를
사 들고 집으로 돌아왔지요.

나는 집에 오자마자 모종삽과 물뿌리개를 꺼냈어요.
그리고 텃밭에 나가 가게 아저씨에게 배운 대로
땅을 파내고 흙을 부드럽게 골라 주었지요.
그다음 작은 구멍을 내어 양배추 모종을 쏙쏙 심었답니다.
그러고 나서 흙을 덮고 토닥토닥 두드리다,
마지막에는 단단히 눌러 주었어요.
처음에는 양배추가 걱정되어서 매일 보러 가 물을 주고,
날마다 모종이 얼마나 자랐는지 확인했지요.

며칠 동안 비가 내리더니,
양배추밭에 잡초가 잔뜩 자랐어요.

엄마가 말했어요.
"쇠비름이랑 괭이밥이 생겼네. 잡초가 있으면 양배추가
잘 자라지 못하니, 부지런히 뽑아 줘야 한단다!"

다섯 주가 지났어요. 파릇파릇하던 양배추 잎사귀에
작은 구멍이 숭숭 뚫리기 시작했어요.
"앗, 초록색 애벌레가 잔뜩 생겼잖아!"
나는 잎사귀를 갉아 먹는 애벌레를 잡아 텃밭 구석에 떨어트려 놓았어요.
하지만 애벌레는 잡아도 잡아도 끈질기게 다시 나타났어요.
얼마 지나지 않아 애벌레를 잡아먹는 거미와 호리병벌이
텃밭을 찾아왔어요. 덕분에 애벌레가 차츰 줄어들었답니다.
"야호! 거미와 벌이 벌레 잡는 걸 도와주러 왔나 봐!"

양배추 잎사귀는 안쪽으로 겹겹이 말리며 점점 자라났어요.
자라면 자랄수록 동그란 공 모양이 되어 갔지요.
나는 양배추에 물을 주러 갈 때마다
겉 잎사귀를 들추어 보았어요.
동글동글한 속이 얼마나 자랐는지 궁금했거든요.

어느 날 아침, 양배추밭에 자란 잡초를 뽑고 있을 때였어요.
사마귀 한 마리가 폴짝 뛰어서
배추흰나비를 잡는 것 아니겠어요?
사마귀도 양배추를 돌봐 주고 있나 봐요!

아주 작던 양배추 모종들이
어느새 수확할 만큼 커졌어요!

나는 양배추를 한 장 벗겨 내어 크게 한 입 베어 물었어요.

"우아, 맛있다!"

양배추는 아삭하고 달콤했답니다.

엄마는 직접 기른 채소를 먹는 게 가장 마음 편하다고 웃으며 말했어요.

저녁에는 엄마가 양배추샐러드, 양배추 새우볶음, 양배추롤을 만들어 주었어요.

내일은 양배추로 만두도 만들고 양배추 샤부샤부도 먹을 거예요!

며칠이 지난 어느 날,
수확하고 남은 양배추 밑동에서 부드러운 싹이 쏙쏙 자라났어요.
"엄마, 이건 뭐예요?"
"이건 양배추 새순이란다. 맛도 좋고 영양이 듬뿍 담겨 있지.
나중에 조금 따다가 살짝 볶아서 반찬으로 먹자!"

"와, 정말 예쁘다!"

봄이 찾아왔어요. 따스한 햇살을 받아 노란 양배추꽃이 탐스럽게 피어났어요.

엄마 말로는 송이송이 활짝 피어난 꽃들이 꿀을 머금고 배추흰나비를 부른대요.

이때 배추흰나비뿐 아니라 갖가지 곤충들이 다 몰려들어서,

양배추꽃의 꽃가루를 여기저기 옮겨 준다고 해요.

그렇게 새로운 양배추가 또 자라나는 거래요.

시간이 지나 자그마하고 샛노란 양배추꽃이 시들어 떨어지고,
양배추 씨앗을 품은 꼬투리가 아래부터 맺히며 익어 갔어요.

엄마가 이제 양배추 씨앗을 수확할 때가 되었다고 했어요.
나는 신나서 꼬투리 안에 있는 씨앗을 모았지요.

우리 함께 양배추를 키워 볼까요?

양배추는 물이 잘 빠지는
모래 섞인 땅에서
잘 자라요.

양배추 모종이 자라났어요.

양배추 잎사귀가
여러 장 생겼어요.

한 달가량 지나면 잎사귀가
안으로 오므라들기 시작해요.
잎을 갉아 먹는 애벌레도
이때 가장 많이 나타나지요.

짜잔, 잎사귀들이 공처럼 모였어요!
이를 '결구'라고 해요.
양배추 잎이 안쪽으로 겹겹이 자라면서
결구의 크기도 점점 커진답니다.

"이 씨앗 좀 봐, 귀여워라!"
이렇게 앙증맞은 씨앗이 큼지막한 양배추로 자라난다니,
정말 신기하지요?
엄마는 가을이 되면 양배추 모종을 또 심을 수 있다고 했어요.
그러면 겨울에 맛 좋은 양배추를 또 먹을 수 있대요.

양배추밭의 생태계

배추흰나비를
잡아먹는 사마귀

양배추밭은 자그마한 생태계와 같아요. 양배추 외에도 들꽃, 개미, 지렁이, 무당벌레, 배추흰나비, 달팽이 등 작은 생물들이 함께 살아가지요. 이 작은 생태계 속에서 생물들은 저마다 밀접한 관계를 맺고 있답니다.

양배추밭을 살피면 작은 진딧물을 흔히 볼 수 있어요. 진딧물은 농작물의 즙을 빨아 먹어 농사를 망치기 때문에 농부들의 골칫거리랍니다. 진딧물이 생기면 진딧물을 잡아먹는 무당벌레도 모여들지요.

한편, 개미는 진딧물이 만들어 내는 달콤한 즙을 좋아해요. 그래서 진딧물을 보호하려는 개미와 잡아먹으려는 무당벌레 사이에 싸움이 벌어지기도 한답니다!

밭에서 흔히 보이는
무당벌레와
무당벌레 애벌레

양배추는 자라면서 많은 어려움을 겪어요. 양배추를 먹이로 삼는 달팽이를 비롯해 온갖 곤충들이 모여들거든요. 특히 양배추를 가장 좋아하는 배추흰나비의 애벌레는 잎사귀마다 구멍을 숭숭 뚫어 놓기 일쑤랍니다.

양배추를 갉아 먹는
배추흰나비 애벌레와 달팽이

양배추는 쌍떡잎식물의 한 종류인
'십자화과'에 속해요. 네 장의 꽃잎이
'열 십(十)'자 모양을 이루고 있기 때문이지요.

시간이 지나 꼬투리가 마르고
색이 누렇게 변하면 툭 터져요.
여기서 나온 씨앗으로 양배추를
또 심을 수 있답니다.

세 달쯤 지나면
양배추를 수확할 수 있어요!

꼬투리 속에는
씨앗이 알알이 들어 있지요.

양배추꽃 아래
길쭉한 꼬투리가 자라나요.

하지만 양배추를 먹어 치우는 배추흰나비 애벌레에게도 무서운 천적이 있어요. 바로 호리병벌과 거미, 그리고 커다란 팔을 낫처럼 휘두르는 사마귀예요. 양배추를 괴롭히는 곤충들을 잡아 주는 소중한 친구들이랍니다. 하지만 사마귀, 나비, 작은 벌레 들을 닥치는 대로 잡아먹는 도마뱀도 근처에 숨어 있을지 모르니 조심해야 해요!

애벌레를 잡아 호리병 모양의 둥지에 넣고 있는 호리병벌

양배추밭에서는 잡초도 자주 볼 수 있어요. 특히 생명력이 강한 쇠비름이 가장 먼저 나타난답니다. 그 외에도 괭이밥, 질경이, 냉이 같은 잡초도 흙에 있는 영양분을 얻기 위해서 양배추와 다투곤 해요. 하지만 잡초는 땅을 건강하게 하고 흙을 촉촉하게 만드는 역할도 하고 있으니 전부 뽑아 버리지는 마세요!

생명력이 강한 쇠비름

양배추와 배추흰나비

양배추나 브로콜리 같은 식물에서 종종 발견되는 초록색 애벌레는 바로 배추흰나비의 애벌레예요. 배추흰나비는 식물의 잎사귀에 알을 낳아요. 그래서 애벌레는 알에서 나오자마자 잎사귀를 먹을 수 있지요. 배추흰나비 애벌레는 양배추 같은 십자화과 식물을 가장 좋아해요. 그래서 양배추밭에서는 이리저리 날아다니며 춤을 추는 배추흰나비들을 쉽게 볼 수 있답니다.

십자화과 식물은 해로운 벌레들이 갉아 먹지 못하게 특이한 냄새를 내뿜어 자신을 보호해요. 그런데 배추흰나비 애벌레는 아랑곳하지 않고 잎사귀를 갉아 먹는답니다. 신기하지요? 이는 배추흰나비 애벌레가 오랜 세월에 걸쳐 식물이 내뿜는 냄새에 점점 익숙해졌기 때문이에요. 식물은 그에 맞서서 애벌레의 천적이 좋아하는 냄새를 풍기지요. 애벌레의 천적인 기생벌(다른 곤충의 몸에 알을 낳는 벌)이 그 냄새를 맡고 찾아와 애벌레를 잡아먹는답니다.

하지만 배추흰나비는 양배추꽃이 피었을 때 꽃가루를 여기저기 옮겨 주는 곤충이기도 해요. 이렇게 양배추와 배추흰나비 사이는 무척 복잡한 관계랍니다.

배추흰나비의 성장 과정
알 → 애벌레 → 번데기 → 나비

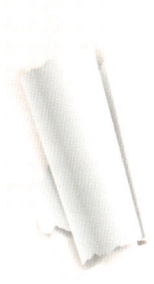

양배추는 어디에서 왔을까요?

양배추는 아주아주 오래전, 유럽 남부 지중해 근처에서 자라던 식물로 알려져 있어요. 일찍이 고대 그리스·로마 시대부터 키웠다고 해요. 우리나라에는 19세기 무렵, 서양 문화가 들어오면서 알려졌어요.

우리가 즐겨 먹는 채소들은 대부분 야생 식물을 먹기 좋게 만든 것이랍니다. 농사를 짓던 사람들은 똑같은 식물이라도 저마다 조금씩 다르다는 사실을 알아냈어요. 그래서 튼튼하고 맛이 좋은 식물의 씨앗만 골라내 심었지요.

그렇게 오랜 시간이 지나면서 튼튼하고 맛있는 식물이 점점 많아졌어요. 우리가 즐겨 먹는 양배추, 브로콜리, 콜리플라워, 배추 그리고 장식용으로 기르는 꽃양배추도 사실 같은 조상에서 갈라져 나온 한 가족이랍니다!